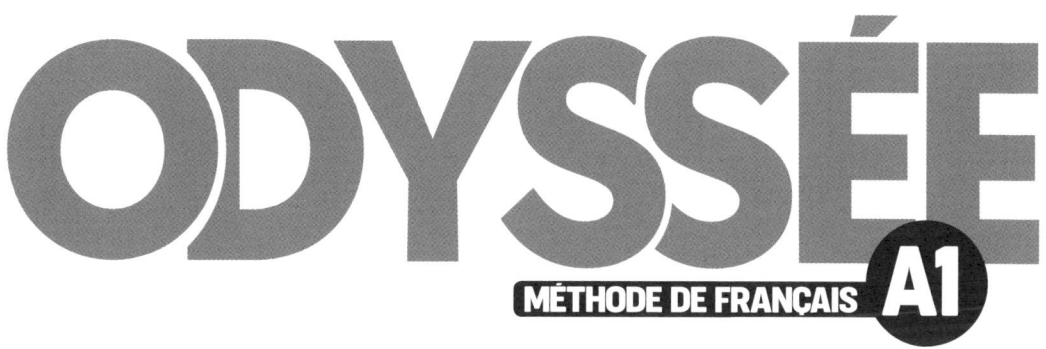

CORRIGÉS ET TRANSCRIPTIONS

UNITÉ 0

1.

P	D	F	G	P	O	A	B	A	F	H	X	J
G	A	B	I	E	N	T	O	T	J	P	F	P
J	E	T	H	X	Y	T	N	S	N	E	X	H
P	D	U	O	U	I	O	J	I	S	I	M	B
H	X	Y	T	U	A	P	O	C	A	R	I	E
B	S	A	L	U	T	K	U	N	Q	P	O	I
E	A	T	P	O	O	A	R	U	S	D	I	P
I	S	X	G	H	S	U	L	L	Z	R	Y	M
P	D	F	G	P	O	R	L	H	Q	S	D	X
M	W	X	C	E	I	E	I	O	E	S	A	E
X	S	M	O	I	S	V	A	I	T	U	K	T
W	P	I	T	R	E	O	P	S	G	Z	R	R
S	B	O	N	S	O	I	R	E	K	K	L	E
Q	R	D	G	I	Z	R	G	H	F	G	I	O

2. **1. b.** bonjour – **2. d.** bonsoir – **3. a.** au revoir – **4. c.** salut

3.

	a.	b.	c.	d.	e.	f.
[u]	×		×	×	×	×
[w]		×				

4. bonjour – à bientôt – la nuit – bonsoir

Cap sur l'Afrique

2. a. Nom : Muckwege, Prénom : Denis – **b.** Nom : Zewde, Prénom : Sahle-Work – **c.** Nom : Sawadogo, Prénom : Yacouba – **d.** Nom : Rwigara, Prénom : Diane

Cap sur l'Asie

1.

Professeur : Écrivez tous les mots français que vous connaissez.

Benoît : **Excuse-moi**, Clélia, tu as un stylo pour moi, **s'il te plaît** ?

Clélia : Non, **désolée** !

Benoît : **Pas de problème**. Et toi, Nicolas ?

Nicolas : Oui, tiens !

Benoît : **Merci** Nicolas ! C'est **gentil** !

Nicolas : **De rien** !

Professeur : Benoît, la prochaine fois, pensez à votre matériel scolaire !

Cap sur l'Europe

1.

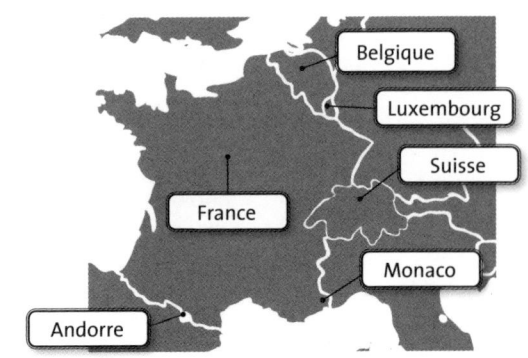

2.

a. B E L G I Q U E
b. U
   X
   E
d. M O N A C O
   B
   O   e.
   U   A
c. F R A N C E
   G   D
            O
            R
            R
f. S U I S S E

Cap sur les Amériques

1. a. PLAN – **b.** CAPITALE – **c.** VILLE – **d.** PALAIS – **e.** BASILIQUE – **f.** CASCADE

Cap sur la classe !

1.

1	10	2	4	7

8	9	6	5	3

2.

Vendredi	Samedi	Mardi	Jeudi
Parler en français avec une amie	Écouter de la musique française	Cours de français	Cours de français
Lundi	**Dimanche**	**Mercredi**	
Lire un article de journal en français	Étudier mes leçons de français	Voir un film en français	

4. **mois de l'année sans e** : mars – avril – mai – juin – août ; **mois de l'année avec plus de 7 lettres** : septembre – novembre – décembre

Bilan

1.

	V	F
a.		×
b.	×	
c.		×
d.	×	
e.	×	
f.		×

2. **a.** Québec – **b.** Neuchâtel – **c.** Bruxelles – **d.** Ponérihouen – **e.** Marrakech – **f.** Bizerte

4.

P	R	I	D	X	I	O	A	B	A	F	H	X	J
F	G	S	B	I	E	N	T	O	T	J	P	F	P
R	J	V	E	N	D	R	E	D	I	N	E	X	H
D	P	D	U	P	U	I	O	J	I	S	I	M	B
E	H	X	Y	T	T	A	P	O	C	A	R	I	E
H	J	U	I	L	L	E	T	U	N	Q	P	O	I
U	E	A	T	P	O	O	M	R	U	S	D	I	P
D	U	S	X	G	H	S	U	B	L	Z	R	Y	M
P	D	D	J	A	N	V	I	E	R	Q	S	D	X
S	I	W	X	C	E	I	E	I	O	E	S	A	E
N	X	S	M	D	I	M	A	N	C	H	E	K	T
A	W	P	I	T	R	E	O	P	S	G	Z	R	R

UNITÉ 1

Leçon 1

1. **a.** Oumar **est** sénégalais. – **b.** Leila et Alima **sont** marocaines. – **c.** Pablo et Federico, vous **êtes** portugais ? – Non, nous **sommes** espagnols. – **d.** – Emma, tu **es** belge ? – Non, je **suis** canadienne

2.

Masculin	Féminin
tunisien	**tunisienne**
français	française
américain	américaine
suédois	**suédoise**
grec	grecque
russe	**russe**

3. **a.** Marigold est une marque québécois / <u>québécoise</u>. – **b.** Wafa Assurance est une marque marocain / <u>marocaine</u>. – **c.** Rome est une ville italien / <u>italienne</u>. – **d.** Peter est de nationalité australien / <u>australienne</u>. – **e.** Paul est <u>luxembourgeois</u> / luxembourgeoise.

4.

	Masculin	Féminin
a.		×
b.	×	
c.	×	
d.		×
e.	×	
f.	×	
g.		×
h.		×

5. **a.** Alex est belge. – **b.** Non, elle est canadienne. – **c.** C'est Jean-Paul. – **d.** C'est Ellen Page. – **e.** C'est Vizorek.

6.

	Tu	Vous
a.	×	
b.	×	
c.		×
d.		×
e.	×	
f.		×

Corrigés et transcriptions • Unité 1   3

Leçon 2

1. policier – pompier – plombier – secrétaire – avocat – médecin

2. **Réponses possibles :**

Masculin	Féminin
a. pompier	**d.** secrétaire
b. policier	**e.** informaticienne
c. avocat	**f.** avocate

3.

Masculin	Féminin
un médecin	une médecin
un informaticien	une informaticienne
un coiffeur	une coiffeuse
un policier	**Une policière**
un avocat	**une avocate**
un pompier	une pompière

4. **a.** une informaticienne – **b.** des policiers – **c.** une coiffeuse – **d.** un avocat – **e.** un plombier – **f.** une professeure

5. **a.** Lindt est la marque **des** chocolats.
   b. Chanel n°5 est **un** parfum français.
   c. Cloé et Manon **sont** des avocates de J&Co.
   d. Une informaticienne répare les ordinateurs.
   e. Des policiers maintiennent l'ordre dans la rue.

6. Olivier : Bonjour et bienvenue à tous !
   N'gou : Je m'appelle N'gou Mobidi et je viens **du** Togo.
   Rachid : Moi, c'est Rachid Benaoui et j'habite **au** Maroc.
   Ludivine : Moi, c'est Ludivine Mallet et je viens **de** Belgique.
   Natasha : Alors moi, c'est Natasha Johnson et je viens **du** Canada.
   Hakima : Et moi, c'est Hakima Kessaf et j'habite **en** Tunisie.

7. **a.** [v] – **b.** [b] – **c.** [f] – **d.** [ʃ] – **e.** [s] – **f.** [r]

8. **a.** 3 – **b.** 3 – **c.** 2 – **d.** 1 – **e.** 2 – **f.** 1

9.

Prénom	Pays	Profession
a. Aude	Belgique	informaticienne
b. Lise	Canada	professeure
c. Dimitri	Russie	coiffeur
d. Aliko	Japon	chanteur
e. Matilda	Suisse	avocate

Leçon 3

1.

P	C	O	U	R	R	I	E	L	O	X
A	I	D	A	Z	E	T	I	D	I	G
Q	L	E	Q	S	D	A	Z	Z	U	Y
S	O	S	C	F	M	F	H	J	J	E
X	K	T	P	E	S	X	C	O	P	X
C	I	I	M	B	J	P	F	G	H	P
D	U	N	L	A	R	O	B	A	S	E
E	J	A	O	A	U	I	I	U	R	D
R	N	T	I	T	Y	N	P	N	P	I
F	H	A	U	E	I	T	K	J	T	T
V	T	I	R	E	T	X	C	V	N	E
B	Y	R	H	R	T	Y	I	O	P	U
G	T	E	V	C	X	W	S	D	F	R

2. **expéditeur** : julieleblanc21@univ-paris3.fr – **destinataire** : secretariat@univ-paris.fr – **Bonjour** Madame Durieux, pour le café pédagogique, c'est vous qui envoyez un **email** avec les informations ? **Est-ce que** c'est à la faculté ? Merci d'avance, cordialement, Julie Leblanc.

3. **a.** Est-ce que c'est une ville de France ? – **b.** Est-ce que c'est la capitale de la Belgique ? – **c.** Est-ce que c'est un étudiant étranger ? – **d.** Est-ce que c'est une étudiante japonaise ?

5. **a.** Est-ce que c'est une ville des États-Unis ? – **b.** Vous habitez dans la capitale ? – **c.** C'est une professeure. – **d.** C'est un pays francophone. – **e.** Ce sont mes amis.

6. **a.** karim.benkou@free.fr
   b. sorayaltaoui10@orange.fr
   c. shiao_nung3@gmail.com
   d. xavi.sanchez@hotmail.com

7. **a.** un café linguistique – **b. 1.** 24 septembre ; **2.** 8 octobre ; **3.** 29 octobre ; **4.** 12 novembre ; **5.** 26 novembre ; **6.** 10 décembre – **c. 1.** c – **2.** a – **3.** d – **4.** b

Leçon 4

1. contrôleur – passeport – permis – garantie – voiture – conducteur – location

2. **a.** billets – **b.** permis de conduire, carte d'identité – **c.** paiement – **d.** garantie – **e.** carte de crédit

3. a. 1. vrai ; 2. vrai ; 3. vrai – b. louer – permis de conduire – carte de crédit – à bientôt

5. a. Vous avez une carte de crédit ?
b. Est-ce que tu étudies à l'université de Liège ?
c. Où est-ce que tu vas ?
d. Vous avez un permis de conduire et une carte d'identité ?
e. Tu es français ?

6. Est-ce que vous avez un passeport et un permis de conduire, s'il vous plaît ? – Je vous en prie. – Vous avez une carte de crédit ? – Où est-ce que vous allez ?

Bilan grammaire

1. a. suis – b. sommes – c. es – d. est – e. est – f. êtes

2. Il est canadien. – Ils sont argentins. – Elle est turque. – Elles sont brésiliennes.

3. Quelle est votre nationalité ? Nous sommes sénégalais. – Est-ce que vous avez votre permis de conduire ? Oui j'ai mon permis de conduire. – Quelle est ta profession ? Je suis informaticienne. – Comment tu t'appelles ? Je m'appelle Elena. – Est-ce que c'est une marque française ? Non ce n'est pas une marque française.

4. a. Elle est de nationalité espagnole.
b. Vous êtes étudiant ou professeur ? Vous êtes professeur ou étudiant ?
c. Est-ce que c'est une marque canadienne ?
d. Ce n'est pas une marque suisse.
e. C'est pour une location de voiture.

5. a. Madame N'guyen vient du Vietnam et elle habite en France. – b. Monsieur Benkou vient du Maroc et il habite en Belgique. – c. Madame Gontrand vient de France et elle habite en Tunisie. – d. Monsieur Malikou vient du Niger et il habite au Luxembourg. – e. Madame Niwa vient du Japon et elle habite en Suisse.

6. **un** téléphone, **des** chocolats, **un** parfum. – **une** carte d'identité, **un** permis de conduire, **des** photos, **un** billet de train, **des** cartes de crédit.

7. a. Luc et Simon sont des ingénieurs québécois. – b. Malik est un professeur turc. – c. Déborah est une chanteuse suisse. – d. Clara et Maëva sont des étudiantes françaises.

Bilan vocabulaire

1.

R	G	A	D	D	V	B	T	Y	O	M
Z	A	M	B	R	E	D	J	H	I	M
S	B	P	E	Q	O	C	L	A	H	I
E	R	E	H	A	S	D	F	J	D	K
M	I	O	M	A	Ë	L	S	D	F	E
M	E	T	J	L	Ë	K	H	D	F	G
A	L	I	C	E	P	L	U	C	A	S
A	Z	E	T	Y	U	O	G	G	D	S
Q	X	B	M	C	H	L	O	E	H	K

2.

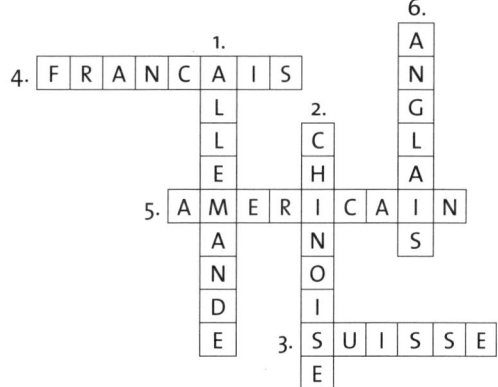

3. a. une carte de crédit – b. une pièce jointe – c. alphabet – d. salut – e. un visa

4. Un étudiant étudie à la faculté. – Une informaticienne est une spécialiste de l'informatique. – Un pompier éteint les incendies. – Un avocat travaille dans un tribunal. – Une policière maintient l'ordre. – Une coiffeuse coiffe les personnes.

5. a. aéroport – b. professeur – c. étranger – d. capitale – e. billet

UNITÉ 2

Leçon 1

1.

A	S	S	A	S	D	G	F	P	T	T	H	S
Q	X	C	P	M	G	N	J	H	E	A	J	E
R	W	E	U	Y	A	S	N	O	D	Y	U	V
S	E	N	K	J	O	C	W	T	Q	Z	R	E
X	B	A	U	D	I	T	I	O	N	D	D	T
C	V	R	L	X	C	V	B	G	R	F	K	O
E	N	I	F	I	L	M	I	R	A	C	H	I
D	M	S	E	R	S	H	K	A	Z	A	I	U
G	X	T	Y	T	I	A	H	P	G	C	O	R
H	A	E	U	I	K	D	T	H	V	T	P	T
J	E	S	D	F	H	K	M	E	F	E	K	G
L	T	G	B	N	I	P	Y	E	U	U	F	C
P	Y	E	R	Z	S	C	E	N	A	R	I	O
U	H	D	F	E	J	L	O	Y	E	S	Z	D

2. a. rôle – **b.** talent – **c.** actrice – **d.** cinéma – **e.** célèbre

3. a. réalisateur – **b.** photographe – **c.** scénariste – **d.** ingénieur

4. a. Vous avons / <u>avez</u> une carte de crédit ?
b. Tu <u>as</u> / a un grand rôle dans un film.
c. Ils <u>ont</u> / avons deux enfants.
d. Elle ont / <u>a</u> 30 ans.
e. Tu ai / <u>as</u> un métier formidable

5. a. as, ai – **b.** ont – **c.** a – **d.** avons – **e.** avez

6. a. je travaille – **b.** nous présentons – **c.** tu demandes – **d.** vous préparez – **e.** elles corrigent – **f.** il réalise – **g.** elle appelle

7.

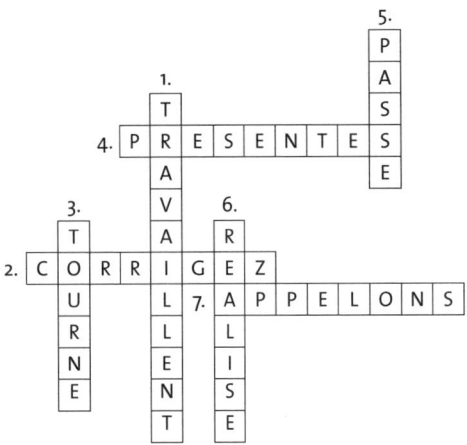

8. a. NOM : Zlotowski – PRÉNOM : Rebecca – ÂGE : 40 ans – TITRES DES FILMS RÉALISÉS : *Belle Épine, Grand Central, Planetarium, Fille Facile* – **b. 1.** Vrai ; **2.** Vrai ; **3.** Faux

Leçon 2

1. Réponses possibles : gorille, singe, éléphant, buffle, panthère noire, perroquet gris du Gabon, girafe, etc.

2.

A	T	S	P	S	C	S	V	T	U	J	L	P	A	R	C	B	I
Q	F	A	M	C	M	R	G	A	Y	F	U	T	N	Y	F	R	H
S	V	F	U	T	P	F	O	R	E	T	D	E	I	B	A	Y	G
D	R	A	S	O	L	I	R	C	Y	J	G	D	M	F	F	H	R
Y	Y	R	E	K	J	N	I	H	O	I	S	E	A	U	X	O	E
U	R	I	Z	R	T	X	L	X	P	D	M	S	U	D	F	R	S
O	J	A	E	F	F	G	L	C	X	S	I	D	X	C	B	Y	C
T	O	U	R	I	S	T	E	S	S	G	M	L	W	D	C	J	L
L	G	C	V	B	E	T	S	A	V	A	N	E	E	S	Z	N	I

3.

Masculin singulier	Féminin singulier	Pluriel
le conservateur – le chauffeur	la savane – la panthère noire	les visites – les buffles – les enfants

4. les gorilles – **la** girafe – **la** panthère noire – **le** perroquet gris – **les** buffles – **les** oiseaux – **le** lion

5. adultes – singes – forêts – réservations – éco-guides – visiteurs

6. a. les touristes – **b.** les enfants – **c.** les visites – **d.** les chauffeurs – **e.** les sorties – **f.** les parcs

7.

	a.	b.	c.	d.	e.	f.
Singulier		×	×	×		×
Pluriel	×				×	

Leçon 3

1. a. la styliste – **b.** la nouvelle collection – **c.** le défilé – **d.** la mannequin – **e.** la séance photo

2. a. cinéma – **b.** réalisateur – **c.** chocolats – **d.** nouvelles destinations

3. a. Moi – **b.** Eux – **c.** Nous – **d.** Lui – **e.** Elle – **f.** toi

4. a. Quand a lieu le défilé ? – **b.** Quand commence la soirée ? – **c.** Quand est-ce que vous travaillez/

tu travailles ? – **d.** Quand est-ce que la styliste présente la collection d'été ?

5. 5 – 4 – 1 – 2 – 3
6. **a.** Elle mesure 1 mètre 77. – **b.** Il pèse 96 kilos. – **c.** Il mesure 1 mètre 92. – **d.** Elle pèse 58 kilos. – **e.** Il pèse 88 kilos. – **f.** Elle mesure 1 mètre 70.
7. **a.** 06 16 44 88 35 – **b.** 07 76 55 60 40 – **c.** 01 13 66 22 92 – **d.** 04 77 08 53 80

Leçon 4

1. **a.** 3 – **b.** 2 – **c.** 4 – **d.** 1
3. « **Bonjour**, vous êtes bien sur la **boîte vocale** de Nathalie Guillot. Merci de me laisser un **message**. Bonne journée ! »
4. *Situation 1 :* 2 – 4 – 5 – 3 – 1
   Situation 2 : 2 – 1 – 4 – 5 – 3
5. **Réponses possibles.**
   – Bonjour, je vous présente Martin.
   – Enchanté, Martin !
   – Pourriez-vous accompagner Pierre au bureau 36 s'il vous plaît ?
   – Oui, bien sûr !
   – Merci !

Bilan grammaire

1. **a.** présente – **b.** ai, avez – **c.** réalisent, travaillent – **d.** ont – **e.** prépares, a – **f.** avons, organisent
2. **a.** réalisatrice – **b.** gorille – **c.** adultes – **d.** défilé
3. **a.** les scénarios – **b.** l'ingénieure du son – **c.** la forêt de gorilles – **d.** les animaux – **e.** le défilé de mode – **f.** les mannequins
4. **a. Le** buffle et **l'**éléphant aiment **la** savane. – **b. Les** oiseaux sont dans **la** forêt. – **c. Les** touristes préfèrent **les** parcs naturels. – **d. L'**animal que **les** enfants adorent est **la** girafe. – **e.** Nous n'aimons pas **les** panthères noires.
5. **a.** Les acteurs ont des auditions pour un rôle. – **b.** La réalisatrice tourne un film. – **c.** Les scénaristes expliquent le script aux acteurs. – **d.** L'éco-guide organise des visites. – **e.** Les stylistes préparent la nouvelle collection.
6. **a.** Moi, je m'appelle Lina Ventura. – **b.** Je parle quatre langues, et toi ? – **c.** Lui, il présente une magnifique collection / collection magnifique. – **d.** Eux, ils travaillent dans le bureau 16. – **e.** Pourriez-vous m'apporter un ordinateur ? – **f.** Quand commence la soirée ?

Bilan vocabulaire

1. **1.** f – **2.** a – **3.** e – **4.** b – **5.** c – **6.** d
2. gorille – léopard – buffle – rhinocéros – lion – zèbre
3. **Réponses possibles :** soixante-quatre = 64 – soixante-six = 66 – soixante-dix = 70 – soixante-douze = 72 – soixante-seize = 76 – quatre-vingt-quatre = 84 – quatre-vingt-six = 86 – quatre-vingt-dix = 90 – quatre-vingt-douze = 92 – quatre-vingt-seize = 96
4. **a.** quarante-quatre – **b.** soixante-quinze – **c.** quatre-vingt-sept – **d.** quatre-vingt-onze
5. **a.** 2 – **b.** 5 – **c.** 4 – **d.** 1 – **e.** 3

UNITÉ 3

Leçon 1

1. **a.** capitale. – **b.** marché. – **c.** mosquée. – **d.** bureaux. – **e.** quartier. – **f.** café. – **g.** jardin.

2.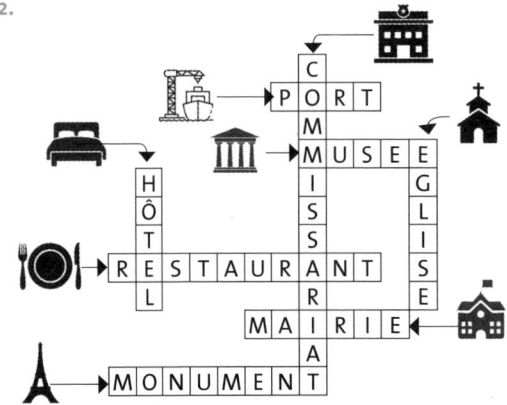

   Across/Down: PORT, COMMISSARIAT, MUSEE, EGLISE, HÔTEL, RESTAURANT, MAIRIE, MONUMENT

3.

Q	U	S	P	O	R	T	Q	H	P	F	Z	X	Ç	D	B	M	D
S	W	M	M	B	I	B	L	I	O	T	H	E	Q	U	E	M	J
U	A	B	A	B	J	L	E	S	S	P	O	O	G	K	B	J	E
H	H	L	J	T	F	I	R	T	T	L	K	B	R	B	A	R	U
A	X	E	L	I	R	Q	G	O	E	Q	Ç	N	U	B	A	U	R
B	F	F	D	E	E	C	H	R	C	U	J	B	J	G	L	R	Q
A	P	C	C	U	R	Q	A	I	U	X	Ç	C	Z	G	L	I	H
L	S	I	J	A	E	Q	J	Q	P	C	I	N	E	M	A	T	X
Y	P	J	P	X	K	S	H	U	T	J	Y	C	P	Q	K	C	X
E	G	C	Q	B	Y	J	O	E	Y	B	G	L	S	W	L	G	O

4. **a.** il y a. – **b.** il n'y a pas. – **c.** il n'y a pas. – **d.** il y a. – **e.** il y a.

5. **a.** Il n'y a pas de monuments historiques. – **b.** Je n'aime pas les musées. – **c.** Ici, il n'y a pas de bureaux. – **d.** Dans la capitale, il n'y a pas de jardin botanique. – **e.** Au centre-ville, il n'y a pas beaucoup d'immeubles.

6. **a.** l'église. – **b.** un monument. – **c.** dans la capitale. – **d.** la mosquée. – **e.** un musée. – **f.** un restaurant. – **g.** le port.

8. **Réponse possible :** Dans mon quartier, il y a des monuments historiques et il y a un jardin botanique. Il n'y a pas beaucoup de commerces et il n'y a pas de cinéma.

Leçon 2

1. **a.** hôpital – **b.** gendarmerie – **c.** banque – **d.** bibliothèque – **e.** université – **f.** médiathèque

2. **a.** là. – **b.** ici. – **c.** ici. – **d.** là.

3. a. Tu adores ton quartier /Tu aimes beaucoup ton quartier. – **b.** J'aime le marché aux puces. – **c.** Elle n'aime pas l'école. / Elle déteste l'école – **d.** Ils aiment beaucoup l'université. / Ils adorent l'université. – **e.** Vous n'aimez pas les supermarchés / Vous détestez les supermarchés.

4. **a.** Ils n'aiment pas le quartier. – **b.** J'adore les bars du quartier. – **c.** Elle aime la bibliothèque de l'université. – **d.** Nous adorons les commerces du quartier. – **e.** Vous aimez beaucoup le marché aux puces. – **f.** Je n'aime pas les musées de la ville.

5. **a.** 5. – **b.** 4. – **c.** 1. – **d.** 3. – **e.** 2.

6. **a.** F. – **b.** V. – **c.** F. – **d.** F. – **e.** V.

Leçon 3

1. **Réponses possibles :** un cinéma, un café, une université, un supermarché, un parc, une banque, une école de musique, un magasin, une épicerie.

2. **a.** n°6 – **b.** n°3 – **c.** n°5 – **d.** n°1 – **e.** n°4 – **f.** n°2

3. **a.** je vais. – **b.** ils font. – **c.** tu prends. – **d.** elle prend. – **e.** nous allons. – **f.** vous faites.

4.

Across: 1 FAITES, 4 PRENDS, 6 ALLEZ, 7 VAIS, 8 VONT
Down: 2 FONT, 3 PRENNENT, 5 FAISONS

5. **a.** devant. – **b.** à côté de. – **c.** derrière. – **d.** entre. – **e.** sur – **f.** loin de.

6. **a.** La guitare est **sous** la table. **b.** La bibliothèque est **derrière** l'université. **c.** La gare est **loin** de l'école. **d.** La banque est **devant** la gendarmerie. **e.** Mon ordinateur est **sur** la table.

7.

	a.	b.	c.	d.	e.	f.	g.
[y]				×	×		
[u]			×				×
[o]	×						
[i]		×				×	

8. **a.** quartier. – **b.** monument. – **c.** arrondissement. – **d.** faire.

Leçon 4

1.

T	R	A	I	N	Q	T	N	S	X	X	T	X	P
F	L	Q	H	J	C	L	S	H	J	U	G	E	U
J	X	M	Y	L	D	J	J	S	J	X	U	R	G
T	R	A	M	W	A	Y	I	T	S	Q	F	N	C
P	I	L	H	V	Y	A	E	J	X	I	I	P	Z
X	K	G	J	M	A	U	T	O	B	U	S	L	N
I	U	T	R	O	T	T	I	N	E	T	T	E	R
S	L	B	A	Y	H	B	Y	T	L	A	H	Z	J
C	G	R	R	E	Y	R	O	Y	J	X	X	M	H
O	H	E	L	M	Y	Z	F	F	G	I	G	C	B
O	D	N	T	X	W	C	O	Q	C	Q	H	X	L
T	C	D	B	I	C	Y	C	L	E	T	T	E	H
E	F	J	B	O	I	V	I	M	A	S	L	K	I
R	M	E	T	R	O	I	O	C	V	M	A	J	U

2. **a.** 3, 6, 8. – **b.** 2, 5, 7. – **c.** 1, 4. – **d.** 2, 5, 7.

3. panne – démarre – garage – loin – transports – taxi

4.

	pour « TU »	pour « NOUS »	pour « VOUS »
Visiter	visite	visitons	visitez
Monter	monte	montons	montez
Prendre	prends	prenons	prenez
Aller	va	allons	allez
Démarrer	démarre	démarrons	démarrez

5. **a.** Prends le métro ! – **b.** Portez un casque ! – **c.** Prenez le tramway ! – **d.** Montre le billet ! – **e.** Allez au garage ! – **f.** Utilise le service d'autopartage !

6. **a.** appelle – **b.** regarde – **c.** visitez – **d.** allons – **e.** va – **f.** prenez

7. **a.** J'aime le cinéma, les restaurants, les commerces, les bars, le parc, etc. – **b.** Je prends la voiture, le scooter, le taxi, le train, le métro, le vélo, etc. – **c.** Je n'aime pas les immeubles, les voitures, le parc, etc. – **d.** Je vais au garage. Je prends un autre transport. J'appelle un voisin. Je regarde le niveau d'huile. Je ne sais pas. Je n'ai pas de voiture. etc.

Bilan grammaire

1. **a.** Là, il n'y a pas de musées. – **b.** Ici, il y a des bars. – **c.** Ici, il y a un métro. – **d.** Là, il n'y a pas de commerces intéressants.

2. Chiara aime beaucoup l'université / Chiara adore l'université. Elle aime beaucoup la bibliothèque. / Elle adore la bibilothèque. Chiara n'aime pas les magasins. Elle n'aime pas le sport.

3. **a.** Qu'est-ce que c'est une gendarmerie ? – **b.** Qu'est-ce que c'est une mairie ? – **c.** Qu'est-ce que c'est une épicerie ?

4. **a.** prenez – **b.** vais – **c.** font – **d.** faites – **e.** prennent – **f.** vont

5. **a.** Il y a des personnes devant l'immeuble. – **b.** Il y a une voiture à côté de l'hôpital. – **c.** Il y a un parc derrière le supermarché. – **d.** Il y a un supermarché près de l'hôpital. – **e.** Il y a des personnes dans le parc. – **f.** Le restaurant est loin de l'hôpital.

6. **a.** Va / Allez au supermarché ! – **b.** Monte / Montez à bord s'il vous plaît ! – **c.** Montre / Montrez le billet ! – **d.** Porte / Portez un casque !

Bilan Vocabulaire

1. Il y a un vélo, un scooter, une voiture, un bus/autobus, un tramway. Il n'y a pas de trottinette, de train, de métro, de taxi.

2. **a.** église. – **b.** monument historique. – **c.** banque. – **d.** supermarché. – **e.** commissariat de police. – **f.** appartements.

3. **a.** train. – **b.** gare. – **c.** cinéma. – **d.** bar. – **e.** bureaux.

4. faire du sport – quartier – botanique – marché aux puces – prends un café

5. Réponses possibles :

A arrondissement	F faire les courses, faire de la musique	L lieu, loin de	R restaurant
B bureau, bars, bus, banque, bibliothèque, billet	G gare, gendarmerie, garage	M marché, mosquée, mairie, monument, musée, magasin, métro, médiathèque, mettre, monter à bord	S supermarché, scooter, sur, sous
C capitale, centre-ville, commissariat de police, cafés, cinéma, commerces, casque, ceinture	H hôtels	N négation	T transport, trottinette, tramway, taxi, train
D dîner, donner, dans, devant, derrière	I immeuble	P port, prendre, porter, panne, près de	U université
E église, épicerie, école, entre	J jardin botanique	Q quartier	V vélo, voiture

Entraînement au DELF A1

Compréhension orale

	Dialogue a.	Dialogue b.	Dialogue c.	Dialogue d.
Prénom	Dan	Aminata	Samir	Logan
Âge	24 ans	46 ans	32 ans	19 ans
Ville et quartier	Luxembourg	Sénégal	Maroc	Canada
Lieux du quartier	un parc, une école, beaucoup d'arrêts de bus	des musées, des banques, des magasins	des marchés, une mosquée, beaucoup d'hôtels	une université, une bibliothèque, une médiathèque
Expression de goûts	« j'adore les bars et les restaurants »	« je n'aime pas les voitures »	« j'aime beaucoup aller au parc »	« j'adore aller au restaurant et au cinéma »

Compréhension écrite
a. 4 – b. 3 – c. 1 – d. 2

Production écrite
2. a. Hakima est à la gare. – b. proche de la gare. – c. devant la bibliothèque-médiathèque.

Production orale
Réponses possibles : Est-ce qu'il y a des restaurants / des supermarchés dans ce quartier ? Est-ce qu'il y a le métro / une bibliothèque / une librairie / un musée / un hôpital dans ce quartier ?

UNITÉ 4

Leçon 1

1. **Réponses possibles :** le grand-père, la grand-mère, le père, la mère, le fils, la fille, le frère, la sœur, le petit-fils, les enfants, les parents, la sœur jumelle.

2. **a.** femme / épouse / conjointe – **b.** enfants, petits-enfants – **c.** mari / époux / conjoint – **d.** grand-père – **e.** fils – **f.** parents – **g.** sœur. – **h.** petites-filles

3. **a.** Qui est-ce la femme à droite ? – **b.** Ce sont les parents de tes grands-parents. – **c.** Qui est-ce la personne en bas à gauche ? – **d.** Qui sont les enfants sur la photo ? – **e.** Au milieu, c'est la mère de ton grand-père.

4. **a.** sa – **b.** ses – **c.** leur – **d.** son – **e.** ma – **f.** leurs – **g.** tes

5. **a.** Votre fille adore voyager ! – **b.** Leur petite-fille est canadienne. – **c.** Vos petits-enfants sont grands ! – **d.** Nos frères vivent à l'étranger. – **e.** Leurs parents sont divorcés. – **f.** Notre père n'aime pas les mariages.

6. Moi, c'est Kévin ! Je prends une photo de ma famille. Au milieu, ce sont mes parents… à côté de ma mère, ce sont mes grands-parents, j'adore être avec eux ! À droite, la petite fille, c'est ma sœur, Manon. Elle a 10 ans ! À côté de mon père, c'est Lise, la sœur de ma mère, et à gauche, c'est Santiago, son fils !

7. **Réponses possibles : a.** Mes parents s'appellent…/ Ma mère s'appelle… Mon père s'appelle… – **b.** Oui, j'ai un frère et une sœur. / Non, je suis enfant unique. – **c.** Mon père s'appelle Adérito. Il a 58 ans. Il est brésilien.

Leçon 2

1. **a.** 3 – **b.** 4 – **c.** 5 – **d.** 1 – **e.** 2

2. **a.** Elle a les cheveux roux et les yeux verts. – **b.** Il a une barbe et les cheveux très courts. – **c.** Il a une moustache et les cheveux bruns. – **d.** Elle a les yeux marron et les cheveux longs.

3. **a.** viens d' – **b.** venez de – **c.** vient d' – **d.** viennent de – **e.** venons d' – **f.** viens d'

Exercice 4 :

4. **a.** jolie – **b.** longs / verts – **c.** petite / grands frères – **d.** Sa meilleure / roux – **e.** grand / bleus

5. **a.** conjoint – **b.** excellente – **c.** courte – **d.** vert – **e.** petite – **f.** gratuite

6. **Image c**

7. **Réponses possibles :** La fille a les yeux marrons, les cheveux longs, bruns. Elle est de taille moyenne. L'homme a une barbe et une moustache. Il a les cheveux noirs. Il est grand.

Leçon 3

1.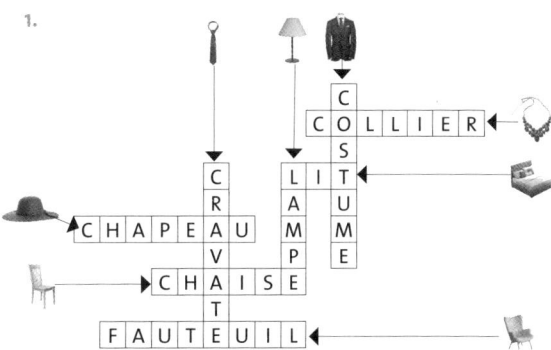

2. **a.** chemise – **b.** robe cocktail, chemise, costume – **c.** chaussures à talon, bijou – **d.** commode

3. invité(e) – le mariage – Rendez-vous – la cérémonie – cocktail festif – réponse souhaitée

4. **a.** une ceinture rouge. – **b.** un beau bijou. – **c.** un petit sac à main. – **d.** une belle cérémonie. – **e.** une cravate colorée. – **f.** un costume élégant. – **g.** un cocktail festif. – **h.** un joli faire-part. – **i.** un bon restaurant. – **j.** une fille mignonne.

5. sublime – élégant – chics – colorés – rouge – jolies – mignonne

6. **a.** Oui, elle est récente « Loubna et Dalan viennent de s'installer… » – **b.** C'est la commode. – **c.** 1. les fauteuils – 2. le canapé – 3. la table – 4. les chaises – **d.** Salema est la grand-mère de Loubna.

Leçon 4

1.

N	Ç	C	V	T	T	X	F	O	I	Z	S	X	L	E	C	V	P	I	J
Z	O	E	L	P	U	R	R	S	F	R	C	I	I	H	Ç	S	Y	C	S
Z	Ç	M	D	G	J	C	D	N	Z	E	N	S	H	F	V	K	N	A	Y
Q	U	B	E	G	E	H	J	N	T	L	T	H	H	J	M	V	N	D	V
B	S	R	B	V	O	I	S	I	N	E	R	E	M	E	R	C	I	E	R
Z	K	A	A	D	H	B	N	V	Ç	X	C	O	A	N	D	Ç	P	A	U
Y	J	S	L	B	C	S	O	U	H	A	I	T	E	R	R	W	Ç	U	P
F	Z	S	L	X	Q	H	J	P	L	A	I	S	A	N	T	E	R	A	S
A	O	E	E	X	L	P	W	Y	H	J	P	S	Ç	I	A	M	Y	Q	U
K	D	R	R	A	N	N	I	V	E	R	S	A	I	R	E	C	F	Q	L

2. anniversaire surprise – cadeau – je suis d'accord – invite – on se charge – gâteau – bougies

3. 3 – 6 – 4 – 2 – 5 – 1

4. **a.** 3 – **b.** 6 – **c.** 5 – **d.** 2 – **e.** 1 – **f.** 4

5. **a.** coloré – **b.** vœu – **c.** sœur

6.

	1.	2.	3.	4.	5.	6.	7.
[ø]					×		×
[œ]	×			×			
[ɛ]		×	×			×	

7. **a.** faux – vrai. – **b.** un cadeau, de l'argent. – **c.** un petit sac (de gâteaux ou de jouets).

Bilan Grammaire

1. **a.** qui est-ce / c'est – **b.** qui est-ce / ce sont – **c.** qui est-ce / ce sont – **d.** qui est-ce / c'est

2. **a.** mon – **b.** son – **c.** mon, ma – **d.** ton – **e.** nos – **f.** leurs – **g.** vos

3. **Féminin singulier :** noire, grosse, moyenne, mignonne. **Masculin singulier :** élégant, joli, bon, court. **Pluriel :** petites, bleus, brunes, blonds.

4. **a.** Je viens de me disputer avec ma meilleure amie. – **b.** Mes amis viennent d'avoir un bébé. – **c.** Sa mère et son père viennent de se séparer. – **d.** Sa sœur est brune et elle a les yeux verts. – **e.** Ce sont des jumelles mais elles ne se ressemblent pas.

5. **Réponses possibles :** un cocktail festif – une grande commode – un bon lit – une table ancienne – une belle cérémonie – une robe colorée – un mariage sublime

Bilan Vocabulaire

1. Ligne 1 : Isabelle – Roger. Ligne 2 : Virginie – Simon / Sophie – Jules. Ligne 3 : Noah – Céleste / Emma

2. **a.** grand-mère – **b.** frères – **c.** grand-père – **d.** mère – **e.** petits-enfants

3. **Famille :** Sœur jumelle, frère, mari, grands-parents. **Description physique :** yeux noirs, avoir une barbe, cheveux roux, cheveux courts, cheveux bruns. **Vêtements et accessoires de cérémonie :** sac à main, ceinture, robe cocktail, chaussures à talon, cravate. **Meubles :** lit, lampe, commode, chaise, canapé.

4. **Réponses possibles :**
Relations familiales : ne pas s'entendre, famille unie, s'amuser, discuter, se ressembler, plaisanter, se compléter. **Anniversaire :** envoyer une carte/des fleurs, offrir un cadeau, joyeux anniversaire, bon anniversaire, organiser une fête, anniversaire surprise, fête, cadeau, gâteau, bougies, carte de vœu.

Entraînement au DELF A1

Compréhension orale
a. phrase n°5 – **b.** phrase n°4 – **c.** phrase n°2 – **d.** pas de phrase – **e.** phrase n°1 – **f.** phrase n°3

Compréhension écrite
a. un mariage. – **b.** au château de Belfort. – **c.** 12 septembre 2021

Production écrite
a. Réponses possibles : Chère Mamie, je t'écris une petite carte pour te souhaiter un joyeux anniversaire ! Je t'aime beaucoup Mamie ! Je t'embrasse, ta petite-fille.
b. Bonjour ! J'ai une date pour la fête surprise de l'anniversaire de mamie. C'est samedi 21 mai dans la salle des fêtes Beauchamps. On lui offre quel cadeau ? Des vêtements ? Une carte-cadeau ? Un album photo ? Un parfum ? Répondez-moi vite ! Bisous.

Production orale
a. Comment s'appelle ta mère ? – **b.** Qui est-ce sur la photo ? – **c.** Est-ce que ton frère a les yeux bleus ? – **d.** Est-ce que ton père a une barbe ? – **e.** Est-ce que tu as un frère, une soeur ? – **f.** Qui est-ce à droite ?

UNITÉ 5

Leçon 1

1. **1.** e – **2.** h – **3.** f – **4.** i – **5.** d – **6.** a – **7.** b – **8.** c – **9.** g

2.

Activités du quotidien	Activités de loisirs
faire les courses	regarder des matchs de foot
faire la vaisselle	faire de la gymnastique
passer l'aspirateur	se promener dans la nature
laver le linge	appeler les amis

3. **a.** neufs heures moins le quart – **b.** sept heures et demi – **c.** une heure et demi – **d.** onze heures et quart.

4. **a.** vers – **b.** du matin – **c.** du soir, vers – **d.** du matin

5. **a.** se laver – s'habiller – manger – se maquiller – travailler – dîner – regarder – se coucher –
   b.

Verbes pronominaux	Verbes non pronominaux
se laver – s'habiller – se maquiller – se coucher	manger – travailler – dîner - regarder

6. vous vous levez – nous nous levons – nous nous lavons – nous nous préparons – se lèvent – ils mangent – ils s'habillent – ils passent – ils déjeunent – travaille – étudient – prepare – nous nous promenons – vous vous couchez – se couchent – nous nous couchons

7. **a. 1.** Vrai – **2.** Faux, à sept heures et demie. – **3.** Faux, à 19h. – **4.** Vrai – **b.** de 8h à 17h30.

Leçon 2

1. **a.** jouer au ballon – **b.** faire de la danse – **c.** jouer aux jeux vidéos – **d.** faire du bénévolat – **e.** jouer au tennis – **f.** jouer au foot

2.

3. **a.** lire – **b.** le sport – **c.** le bénévolat – **d.** de la danse

4. **a.** le, du – **b.** la, de la – **c.** les, de la – **d.** du, la – **e.** les, des

5. **a.** allez, allons – **b.** vas, vais – **c.** n'iront – **d.** va – **e.** lire

6. **a.** À, À – **b.** de 15h à 17h, de 14h30 à 18h.– **c.** En, cet – **d.** en

Leçon 3

1. **a.** 7 – **b.** 1 – **c.** 5 – **d.** 3 – **e.** 4 – **f.** 10 – **g.** 9 – **h.** 6 – **i.** 2 – **j.** 8

2. Ça te dit – Je ne sais pas. – Ce n'est pas possible. – Oui, avec plaisir !

3.

```
                3
              D     4       1
      2 P O U V O N S
            I   E   O A O O 5
            V   U       V
            E   X   P E U X 6
    7 V E U L E N T     N
            T   D O I T 8
```

4. **a.** je peux – **b.** ils veulent – **c.** elle doit – **d.** tu sais

5.

	on	on + voyelle
a.		×
b.	×	
c.	×	
d.		×
e.	×	
f.		×

6. **a.** le 8 septembre 2019 – **b.** la natation, le vélo, la course – **c.** à 10h, à 14h30

Leçon 4

1.

G	A	Z	R	G	B	X	I
H	Y	A	T	F	V	B	J
V	S	R	R	Q	A	L	F
C	R	D	O	A	H	M	S
A	O	S	T	R	U	P	K
Q	L	J	I	E	O	P	A
Z	L	A	N	I	U	U	T
R	E	V	E	L	O	Y	E
F	R	E	T	Z	E	R	W
O	P	R	T	S	F	G	I
P	M	X	E	R	U	J	P

2. Quand je travaille toute la nuit, je suis fatigué(e). – Je dois terminer mon travail aujourd'hui, je suis très stressé(e). – Quand j'écoute de la musique trop fort, après j'ai mal à la tête. – J'ai trop de vêtements sur moi, j'ai chaud. – Je suis mal habillé(e), j'ai froid. – Après une activité sportive, j'ai vraiment soif et faim.

3. **a.** fois – **b.** jamais – **c.** par – **d.** fois par – **e.** jamais

4. **a.** Il faut avoir un équipement de qualité. – **b.** Il ne faut pas rouler sans accessoires de protection. – **c.** Il faut mettre un casque. – **d.** Il ne faut pas pratiquer sur les routes. – **e.** Il faut respecter les consignes de sécurité.

5.

	Impératif	Devoir	Il faut
a.	Achetez/Achète un casque.	Tu dois/Vous devez achetez un casque.	Il faut acheter un casque !
b.	Venez équipés !	Vous devez venir équipés.	Il faut venir équipés.
c.	Arrivez à 9h !	Vous devez arriver à 9h.	Il faut arriver à 9h.
d.	Faites une pause!	Vous devez faire une pause.	Il faut faire une pause.

7. **a.** Vrai – **b.** Faux – **c.** Faux – **d.** Faux

8. **Réponses possibles : a.** Salut Emmy ! Demain, je ne peux pas, désolée ! Je dois travailler. – **b.** Salut Emmy ! Oui, super ! On se retrouve où et à quelle heure ?

Bilan grammaire

1. **a.** Le mardi, Omar fait du skate à 11h30. – **b.** Le mercredi, nous faisons du théâtre à 20h. – **c.** Le jeudi, mes parents font du tennis à 18h15. – **d.** Le vendredi, Maxime fait de la gymnastique à 11h30. – **e.** Le samedi, vous faites du bénévolat à 9h45. – **f.** Le dimanche, Naomi et Olivia font de la natation à 18h15.

2. **a.** pouvez, devez – **b.** veux, dois – **c.** veut – **d.** savons – **e.** peux – **f.** sais – **g.** savent/veulent – **h.** peuvent, doivent.

3. **a.** Vous allez partir à l'étranger de mars à juin ? – **b.** Jehane et Jorge ne vont pas aller au Mexique en hiver. – **c.** Tu vas faire les courses à 17h30 ? – **d.** Je vais préparer un bon repas à 19h. – **e.** Nous allons regarder un super film de 21h30 à 23h45.

Bilan vocabulaire

2. **Activités de loisirs : a.** faire du vélo – **b.** faire du yoga – **c.** jouer au ballon – **d.** faire de la peinture

   Activités du quotidien : a. lire – **b.** faire la cuisine – **c.** passer l'aspirateur – **d.** jardiner

3. Qu'est-ce qui ne va pas – mal à la tête – faire une pause – faim – soif – fatigué

4. **a.** Nous n'aimons pas le yoga/faire du yoga. – **b.** Ils aiment/adorent les jeux vidéos/jouer aux jeux vidéo. – **c.** Je n'aime pas la natation/nager. – **d.** Elle adore/aime la danse/danser.

Entraînement au DELF A1

Compréhension Orale
a. Souad – **b.** au Roller Tour – **c.** 1 – **d.** 1, 3

Compréhension écrite
1. **a.** faux – **b.** vrai – **c.** faux – **d.** faux

2. Nath31 : **c. h.** – Sam19 : **b. d.** – Alili22 : **a. f.** – Larka42 : **e. g.**

Production orale

Réponses possibles : Samedi matin, Noémie doit laver le linge et Ilan doit passer l'aspirateur. Noémie et Ilan doivent aussi faire les courses. L'après-midi, Ilan doit faire du bénévolat de 14h30 à 16h et à 17h30 Noémie et Ilan doivent aller à la danse. Dimanche, Noémie et Ilan doivent ranger le garage. À 13h, ils doivent aller au restaurant. C'est l'anniversaire de la belle-mère. À 19h30, Noémie doit appeler Mimi.

UNITÉ 6

Leçon 1

1.

A	C	L	E	S	Q	D	V	T	B	U	P	L	G	S
Z	E	I	W	H	G	F	M	N	O	L	I	F	A	Z
E	R	X	S	T	Y	L	O	S	I	T	Y	A	K	B
C	A	R	T	E	S	P	O	S	T	A	L	E	S	C
H	T	C	K	E	A	Z	C	H	E	R	C	H	E	R
A	Y	V	P	D	Y	U	A	M	S	R	V	Q	L	E
N	U	B	I	J	O	U	X	I	T	E	L	Z	M	D
G	O	J	R	A	F	A	G	K	D	E	M	E	I	O
E	P	K	O	S	D	Y	H	J	A	D	P	R	U	P
R	M	L	U	F	J	K	B	N	W	X	I	G	Y	M

2. **a.** clés – **b.** bijoux – **c.** ciseaux – **d.** stylos – **e.** boîte

3. **a.** écoresponsable – **b.** boutique – **c.** savon, shampooing, dentifrice – **d.** vases, bougies – **e.** confiture naturelle.

4. **a.** et – **b.** ou – **c.** et ; ou

5. **a.** magasin – bijoux – vases – collection
b. 1. Vrai – **2.** Faux, non les vases. – **3.** Faux, non 85 euros. – **4.** Faux, non grand et en très bon état.

6. **a.** Vrai – **b.** Faux – **c.** Vrai – **d.** Faux

Leçon 2

1. **a.** sans contact – **b.** par carte – **c.** en espèces

2. **a.** soldes – **b.** pièces, billets – **c.** monnaie – **d.** centimes – **e.** réduction

3. À Montréal, le loyer d'un appartement coûte 1900 $ /mois. – À Paris, le loyer d'un appartement coûte 1500 € /mois. – À Genève, le loyer d'un appartement coûte 1800 francs CHF / mois. – À Abidjan, le loyer d'un appartement coûte 270 000 francs CFA / mois.

4. **a.** pour acheter des produits écoresponsables. – **b.** pour payer mes vitamines. – **c.** pour faire de bonnes affaires. – **d.** pour acheter des fruits et des légumes. – **e.** pour ma collection.

6. 1 – 4 – 3 – 7 – 5 – 8 – 6 – 2 – 9

7. 3 – 4 – 1 – 5 – 2

8. **Réponse possible :** Du 12 au 18 février, profitez de notre offre spéciale sur tous nos produits alimentaires ! 2 confitures pour le prix d'une et – 50 % sur les jus de pomme et jus d'orange !

Leçon 3

1. flèches de gauche à droite : rouge – orange – jaune – vert – bleu – violet

2. **a.** 4 – **b.** 1 – **c.** 6 – **d.** 8 – **e.** 3 – **f.** 7 – **g.** 5 – **h.** 2

3. **1.** Quelles – **2.** Quel – **3.** Quels – **4.** Quelles – **5.** Quelle – **1.** c – **2.** a – **3.** d – **4.** e – **5.** b

4. **a.** cette, ce – **b.** ces – **c.** cet – **d.** ces – **e.** ces – **f.** cette

5.

	[ã]	[ɛ̃]
a.		×
b.	×	
c.	×	
d.		×
e.	×	
f.		×

Leçon 4

1.

S	E	L	E	C	T	I	O	N	N	E	R
Z	A	R	T	Y	R	Y	I	O	E	E	E
V	A	L	I	D	E	R	L	N	R	F	C
A	B	E	R	L	T	H	D	E	R	D	U
D	K	M	L	M	R	I	S	D	O	Z	P
C	M	O	N	T	A	N	T	S	N	X	E
X	Z	U	S	F	I	W	S	V	E	A	R
X	O	J	G	D	T	X	C	B	K	S	E
C	I	F	H	Z	S	F	S	F	G	M	R

2. Par carte, je dois composer mon code secret. – Le code n'est pas bon, il est erroné. – Je dois retirer 150€ au guichet automatique. – Je cherche un guichet automatique pour retirer de l'argent.

3. **a.** Insérez – **b.** tapez, validez – **c.** Sélectionnez – **d.** Retirez, récupérez

4. **a.** résoudre un problème – **b.** 456 831 240 6A – **c. 1.** Vrai ; **2.** Faux ; **3.** Faux

5. **a.** Faux – **b.** Faux – **c.** Vrai – **d.** Faux – **e.** Vrai

6. **Réponse possible :** Bonjour ! J'adore votre annonce ! Combien coûte un kilo de vêtements ? Est-ce que vous avez des robes rouges ou noires ? Et des jupes vertes ou bleues ? Vous avez des manteaux longs ? Merci !

Bilan grammaire

1. a. Quels objets est-ce que vous collectionnez ? – b. Quel est le prix de la veste ? – c. Quelle est sa couleur préférée ? – d. Quelle est l'offre du jour ? – e. Quelles boutiques est-ce qu'ils préfèrent ?

2. ce – cette – ce – ces – ce – cette – cet

3. Tu profites des soldes pour faire des bonnes affaires. – Ils vont au marché pour acheter des fruits et légumes de saison. – Je vais au guichet automatique pour retirer de l'argent. – Elle retire de l'argent pour faire ses courses. – Il achète des clés anciennes pour compléter sa collection.

4. **Réponses possibles :** a. ... le pantalon bleu **et** le T-shirt rouge. – b. ... les rouges **ou** les jaunes ? – c. ... le chapeau rouge **ou** le chapeau violet ? – d. ... la robe jaune **et** le pantalon violet.

Bilan vocabulaire

1. a. retirer – b. un stylo – c. une ceinture – d. un pantalon – e. carte sans contact

2. Vous payez comment ? Par chèque – Je vous dois combien ? Au total 11,70€. – Quelle est la promotion ? Deux kilos pour le prix d'un ! – Vous acceptez le paiement sans contact ? Oui, bien sûr ! – Tu as la monnaie de 5 euros ? Oui j'ai deux pièces de 2€ et une de 1€.

3.

Collections	Vêtements	Couleurs	Achats
bijoux	blouson	rouge	réduction
boîtes	manteau	jaune	Black Friday
vases	robe	violet	promotion
cartes postales	chaussures	noir	offre spéciale

4. je peux vous aider – la barquette de fraises – nous avons une promotion – Vous pouvez me faire de la monnaie

5. **B** comme bijoux, boîtes, boutique, brosse à dents, bougie, billet, blanc, bleu, bonnet, blouson, baskets – **C** comme clés, ciseaux, cartes postales, chèque, centimes, couleur, chapeau, chaussures, code secret, carte sans contact, composer le code – **D** comme dentifrice, décoration – **E** comme échanger, éco-responsable, écharpe – **F** comme facture – **G** comme guichet automatique – **H** comme habitudes – **I** comme insérer, influenceuse – **J** comme jupe, jaune – **K** comme kilo – **L** comme lunettes de soleil – **M** comme monnaie, montant – **N** comme noir – **O** comme orange – **P** comme portefeuille, pièces, promotion, pantalon – **R** comme rouge, rose, robe réduction, retrait, retirer, récupérer – **S** comme stylo, savon, shampooing, sac, soldes, sélectionner – **T** comme transaction, taper – **V** comme vase, violet, vert, vêtements, veste, valider

Entraînement au DELF A1

Compréhension orale

Situation n°1 : un prix – **Situation n°2 :** dans un magasin de vêtements – **Situation n°3 :** un numéro – **Situation n°4 :** des soldes en magasin

Compréhension écrite

a.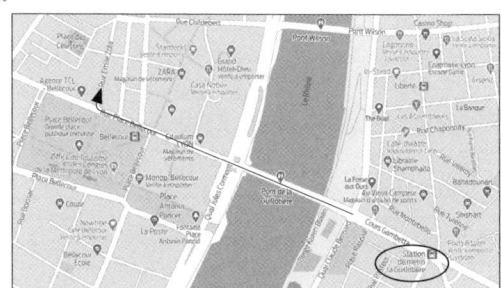

b. Le rendez-vous est à 15h.
c. devant la boutique.

Production écrite

Réponse posssible : Bonjour ! Votre annonce est intéressante, mais 175 euros, c'est un peu cher... Je propose 150 euros, ça vous va ? J'habite aussi à Toulon, quelle est votre adresse ? Je suis disponible samedi ou dimanche, entre 14h30 et 18h, et vous ?
À bientôt !

Production orale

– Combien ça coûte ?
– Quelle est ta/votre couleur préférée ?
– Vous payez comment ?
– Est-ce que vous aimez faire du shopping ?
– Quelle est la promotion du jour ?
– Est-ce que vous aimez les produits écoresponsables ?

UNITÉ 7

Leçon 1

1.

S	S	A	G	V	S	O	V	B	S	C	A
S	N	C	P	I	G	T	H	G	W	I	L
O	K	Q	Ç	B	N	O	Y	F	Ç	T	H
M	D	R	D	L	A	G	N	X	V	R	J
E	H	P	O	V	O	G	E	M	G	O	Q
L	U	Q	M	D	N	T	U	M	R	N	F
E	F	E	W	R	M	W	A	E	B	Ç	J
T	O	F	B	E	U	R	R	E	T	R	T
T	S	A	U	C	I	S	S	O	N	T	E
E	E	T	A	R	T	I	N	E	S	D	E
P	A	T	I	S	S	E	R	I	E	S	Q
V	Q	Y	D	X	C	X	H	J	I	D	Q

2.

3. a. miel : ce n'est pas un aliment salé. – **b.** fromage : ce n'est pas une boisson. – **c.** lait : ce n'est pas un aliment. – **d.** bacon : ce n'est pas un aliment sucré. – **e.** croissants : ce n'est pas un aliment du petit-déjeuner américain.

4. des / de la – des / du / du – du / du / du / du – des / des / de la

5. a. Le petit-déjeuner est plutôt sucré : miel, confiture, pâtisseries. – **b.** Le briki est composé de café, de sucre et d'eau bouillante. – **c.** Ce sont des pâtisseries.

6. a. F – **b.** V – **c.** F – **d.** V

Leçon 2

1. peler – râper – couper – revenir – ajouter (x2) – mélanger – mettre – servir

2.

a. une assiette.	n°6	**f.** une serviette	n°5
b. une fourchette	n°4	**g.** de l'ail	n°7
c. un couteau	n°3	**h.** du poivre	n°10
d. une cuillère	n°2	**i.** un citron	n°9
e. un verre	n°1	**j.** un oignon	n°8

3. a. un peu de. – **b.** trop d'/ cuillère d' – **c.** un kilo de / 300 grammes de – **d.** assez de – **e.** boîte – **f.** beaucoup de

5. Réponse possible : Voici la recette de mon dessert favori. C'est un dessert français.

Liste des ingrédients : 4 œufs, 500g de lait, 250 g de farine, 2 cuillères à soupe de sucre, un peu de sel.

Préparation : 1. Mélangez la farine avec le sel et le sucre. 2. Ajoutez les œufs et mélangez. 3. Ajoutez le lait et mélangez. 4. Versez un peu de pâte dans une poêle* chaude. 5. Faites cuire la crêpe des deux côtés. (*une poêle est une casserole très plate).

Leçon 3

1.

Apéritifs	Entrées	Plats principaux	Desserts
cocktail Bora Bora sans alcool, vin blanc doux, Porto	soupe de poisson, soupe blanche aux herbes, salade printanière	choucroute aux viandes, canard à l'orange, saumon aux poires	gâteau de fromage blanc, macarons à l'ancienne, tarte au citron

2. **a.** 3 – **b.** 4 – **c.** 1 – **d.** 5 – **e.** 2

3.

Verbes à trouver : venir, aller, partir, tomber, descendre, entrer, sortir, devenir

Pièges à éviter : verser, partager, faire, dire, couper, saler, ajouter, manger

D	E	S	C	E	N	D	R	E	S	C	A	G	X
I	Q	Q	P	V	E	N	I	R	N	O	J	M	A
R	O	L	D	E	V	E	N	I	R	U	O	F	L
E	P	A	R	T	A	G	E	R	A	P	U	S	A
A	P	A	R	T	I	R	D	N	L	E	T	O	L
O	E	M	A	N	G	E	R	C	T	R	E	R	L
F	A	I	R	E	D	Ç	J	Y	T	R	R	T	E
K	I	J	T	O	M	B	E	R	E	Ç	E	I	R
Z	S	A	L	E	R	A	P	F	M	Y	F	R	T
E	X	R	Ç	H	U	V	V	E	R	S	E	R	F

4. **a.** a trouvé / a été – **b.** ai adoré – **c.** sommes venus / avons trouvé – **d.** avons apprécié / avons adoré

5. **a.** quel – **b.** combien – **c.** qu'est-ce que c'est – **d.** combien – **e.** quelle – **f.** qu'est-ce que c'est

Leçon 4

1.

```
              1
              R
          2   É
          I   S
3 R A I S O N N A B L E S
          V   R
      4   I   V
      A   T   E
5 C O M M A N D E   R
      B       R
      I
      A
      N
      C
  6 S E R V E U S E
```

2. **A. a.** F (c'est Olivia qui propose à Célia) – **b.** F (c'est vendredi) – **c.** V – **B. a.** disponible. – **b.** désolée – **c.** se retrouve – **d.** ça marche

3. **Réponse possible :** Coucou/Salut les amis ! Merci beaucoup pour l'invitation mais samedi prochain, je ne suis pas libre, désolé(e) ! C'est l'anniversaire de mariage de mes grands-parents. Une autre fois peut-être !

4. **Réponse possible :**
– Restaurant *Les Délices*, bonjour !
– Bonjour, je voudrais réserver une table pour ce soir à 20 h.
– Oui, pour combien de personnes ?
– Pour 6 personnes.
– Très bien, c'est à quel nom ?
– Bartoli. B.A.R.T.O.L.I
– Bartoli, 6 personnes, c'est noté Monsieur.
– Merci beaucoup. À ce soir !
– À ce soir, Monsieur.

Bilan Grammaire

1. **a.** du / de / du – **b.** des / de / des – **c.** des / d' / de la / de l'

2.

	Avoir	Être	Passé composé
1. Faire	faire		Tu as fait
2. Naître		naître	Elle est née
3. Monter		monter	Ils sont montés
4. Descendre		descendre	Tu es descendu(e)
5. Entrer		entrer	Je suis entré(e)
6. Commander	commander		Elles ont commandé
7. Aller		aller	Elle est allée
8. Dîner	dîner		Nous avons dîné
9. Mélanger	mélanger		Tu as mélangé

3. ont réservé – sont arrivés – est venu – ont choisi – ont trouvé – sont partis – a fini – est sortie – est tombée – a déchiré

4. **a.** Je mange peu d'aliments sucrés. – **b.** Nous ne consommons pas assez de fruits et de légumes. – **c.** Je voudrais 5 kilos de pommes de terre. – **d.** Vous consommez trop de produits salés. – **e.** Ajoutez une cuillère d'huile d'olive.

Bilan Vocabulaire

1. du beurre – du miel – un yaourt – des crêpes – un verre – du café – du jus d'orange – des croissants

2.

Ingrédients du petit-déjeuner asiatique	Ingrédients du petit-déjeuner américain
1. tofu	1. bacon
2. gingembre	2. pommes de terre
3. sauce soja	3. saucisses
4. riz	4. œufs brouillés

3.

Mots croisés :
- 1. FOURCHETTE
- 2. SERVIETTE
- 3. RAPER
- 4. CUILLÈRE
- 5. COUPER
- 6. VERRE
- 7. MELANGER

– Quel est votre dessert préféré ?
– Quels ingrédients vous utilisez pour faire un gâteau ? / Quels ingrédients vous utilisez beaucoup ?
– Qu'est-ce que vous mangez au petit-déjeuner ?
– Quelle est votre boisson préférée ?

4. Réponse libre.

Entraînements au DELF A1

Compréhension orale
1. **a.** dialogue n°**4** – **b.** dialogue n°**1** – **c.** dialogue n°**5** – **d.** dialogue n°**3** – **e.** dialogue n°**2**
2. **a.** dîner. – **b.** Le rendez-vous est vendredi soir. – **c.** à 20h. – **d.** Carmo et Louise vont faire une tarte au citron.

Compréhension écrite
a. Menu n°3. – **b.** Menu n°1. – **c.** Menu n°4 – **d.** Menu n°2

Production orale
Réponse possible : Nous sommes venus dans ce restaurant un samedi soir avec mon mari. Le cadre est très joli et le personnel a été très sympathique et agréable. Nous avons adoré les tajines et le thé à la menthe ! Nous avons parlé de ce restaurant à toute notre famille !

Production orale
– Est-ce que vous aimez aller au restaurant ?
– Est-ce que vous utilisez du gingembre ? / Est-ce que vous aimez le gingembre ?

Corrigés et transcriptions • Unité 7

UNITÉ 8

LEÇON 1

1.

```
        1
        G
        L
        A
        C              2
        I        3     M
        I    D         O
    4 E X P É D I T I O N S
        R    S         T
             E         A
  5 E X P L O R A T R I C E
             T         N
           6 H U M I D E
                       S
```

2. milieux – difficiles – adaptation – expéditions – risquer – aventure

3. **a.** il y a – **b.** dans – **c.** depuis – **d.** dans – **e.** depuis – **f.** il y a

4. a commencé – est parti – a eu – est resté – a traversé – a exploré – a risqué – est allé – est tombé – a traversé – a dormi

5. Nom : Vanier – **Prénom** : Nicolas – **Âge** : 58 – **Lieu de naissance** : Dakar, au Sénégal – Milieu exploré : le Grand Nord – Ses 3 métiers : explorateur, écrivain, réalisateur

6. Réponse libre.

7. Réponses libres.

Leçon 2

1.

R	X	F	R	C	B	L	Q	O	K	K	I	N	N	K	T	C	L
H	G	B	D	Z	C	H	L	P	L	F	E	P	O	E	U	U	Q
Y	V	H	Q	O	R	G	W	D	C	T	Q	U	R	J	I	B	K
Ç	U	L	Q	X	G	H	S	Q	E	U	S	D	A	L	T	G	Q
D	R	V	F	R	O	I	D	P	I	C	N	A	G	L	H	E	E
Z	J	T	E	G	Z	I	M	L	A	Z	H	U	E	U	Z	F	X
P	H	D	Ç	N	E	E	V	K	D	P	G	A	A	J	S	Z	X
A	O	V	R	S	T	B	Y	F	S	P	S	M	U	G	W	H	X
O	K	A	G	S	O	L	E	I	L	H	V	W	U	D	E	E	M
G	L	U	M	L	J	Z	N	Ç	S	W	D	R	L	P	M	S	R

2. **a.** Il y a du vent. – **b.** Il pleut. – **c.** Il fait soleil. – **d.** Il neige.

3. **a.** plus – **b.** moins – **c.** aussi – **d.** moins – **e.** plus

4. **a.** 4. – **b.** 2 – **c.** 1. – **d.** 3

5. **a.** À Rome, il fait aussi chaud qu'à Athènes. – **b.** À Oslo, il fait plus froid qu'à Paris. – **c.** Une nuit à l'hôtel est plus chère qu'une nuit en camping. – **d.** Genève est moins peuplée que Lyon. – **e.** Sidon (Liban) est aussi ancienne que Médinet el-Fayoum (Égypte).

6. **a.** non. **b.** oui. **c.** oui. **d.** non. **e.** oui. **f.** non.

7. **Réponse possible :** Les vacances en camping c'est moins cher, moins confortable, plus calme, plus fatigant, moins connecté au Wifi, plus proche de la nature. – Les vacances à l'hôtel c'est plus cher, plus confortable, moins calme, moins fatigant, plus connecté au Wifi, moins proche de la nature.

8. Réponses libres.

Leçon 3

1. **a.** 5 – **b.** 3 – **c.** 7 – **d.** 2 – **e.** 1 – **f.** 4 – **g.** 8 – **h.** 6.

2. embarquement – avion – retardé – météo – enregistrement – bagages – affaires

3. **a.** 4 – **b.** 5 – **c.** 1 – **d.** 2 – **e.** 3

5. **a.** 1-2-4-6 – **b.** 2-3-5

6. **a.** adulte – nuit – connexion – réservation – **b. 1.** V – **2.** V – **3.** F – **4.** F – **5.** V – **6.** F **c.** Monsieur Montberry

Leçon 4

1.

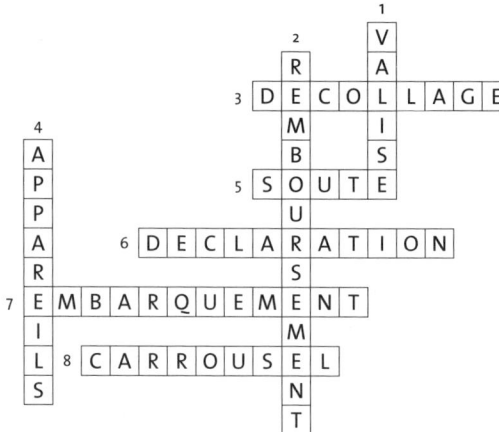

2. **a.** 2 – **b.** 3 – **c.** 7 – **d.** 4 – **e.** 5 – **f.** 1 – **g.** 6 – **h.** 8 – **i.** 9

3. valise – carrousel – livrer – déclaration – remboursement – délai – aide

4. 10 – 2 – 5 – 3 – 8 – 4 – 7 – 6 – 9 – 1

5. **a.** Bruxelles – **b.** 16 février – **c.** 6h45 – **d.** 44 euros

6. **Réponse possible :** **a.** Dans ma valise en soute, je mets mes vêtements, mes chaussures, mon ordinateur portable, etc. Dans mon sac de voyage en cabine, je mets mon portefeuille, mon passeport, mon chargeur de téléphone, mon téléphone, mon casque, mon appareil photo etc.

b. Solution 1 : je vais parler avec l'agent de service à la clientèle de l'aéroport. Solution 2 : je remplis une déclaration de perte de bagage. Solution 3 : j'appelle un ami pour rester une nuit chez lui.

Bilan Grammaire

1. **a.** Elle a traversé l'Atlantique il y a un an. – **b.** Dans six mois, je vais m'installer au Canada. – **c.** J'habite en France depuis 5 ans. – **d.** Nous avons réservé la chambre il y a deux jours. – **e.** Il aime l'aventure depuis l'enfance.

2. **a.** est venue. – **b.** a été. – **c.** est restée. – **d.** avons réservé. – **e.** a perdu. – **f.** ont traversé.

3. **1.** est né – **2.** a changé – **3.** est parti – **4.** a traversé – **5.** a fait – **6.** a gagné – **7.** a réalisé – **8.** a risqué

4. **a.** moins – **b.** aussi – **c.** plus – **d.** aussi – **e.** moins – **f.** plus

5. **a.** 4 – **b.** 3 – **c.** 5 – **d.** 1 – **e.** 2.

Bilan Vocabulaire

1. **a.** 6 – **b.** 4 – **c.** 1 – **d.** 8 – **e.** 9 – **f.** 3 – **g.** 10 – **h.** 5 – **i.** 2 – **j.** 7

2. Il neige.

3. aéroport – carte d'embarquement – bagages en soute – atterrir – hôtesse de l'air

4. **a.** 5 – **b.** 4 – **c.** 6 – **d.** 1 – **e.** 3 – **f.** 2

5. Réponse libre.

Entraînement au DELF A1

Compréhension Orale

a. 388 / porte 16. – **b.** 12 kilos. – **c.** Il fait beau. / au carrousel 2. – **d.** 6913 / 15 minutes

Compréhension écrite

a. à l'Hôtel Royal. – **b.** le 05 65 13 58 57. – **c.** À l'Hôtel Garonne. – **d.** au 28 Rue du Midi – 310005 Toulouse

Production écrite

Salut Ivan ! Comment vas-tu ? Moi, je t'écris de Madagascar. Cette île est sublime ! Il fait beau et chaud. Je fais des balades dans la nature et je visite l'île. Et toi, qu'est-ce que tu fais ?
À bientôt, bisous, Cloé.

Production orale

– Quel type de voyage vous préférez ?
– Est-ce que vous aimez le train ?
– Est-ce que vous aimez les promenades dans la nature ? / Est-ce que vous aimez la nature ?
– La réservation est à quel nom ? / Est-ce que vous faites des réservations à l'hôtel ?
– Est-ce que vous aimez les vacances ? / Vous préférez les vacances en camping ou à l'hôtel ?
– Est-ce que vous aimez la pluie ?

DELF épreuve complète

Compréhension orale

1. **a.** 3. – **b.** Paris : 22°C / Lyon : 25 °C / Toulouse : 28°C

2. **a.** un employé de banque. – **b.** une carte de crédit. – **c.** entre 9h et 17h. – **d.** 80-08

3. **a.** Pas de dialogue – **b.** Dialogue n°2 – **c.** Dialogue n°4 – **d.** Dialogue n°3 – **e.** Dialogue n°1

Compréhension écrite

1. **a.** le 27 juillet. – **b.** 3 – **c.** mes photos préférées et un petit texte. – **d.** 10 euros.

2. **a.** Les délices de la Mer. – **b.** Farida. – **c.** le 01 35 78 64 90. – **d.** dans un restaurant.

3. **a.** la ballade Grand Tour. – **b.** la ballade Découverte. – **c.** Je dois envoyer un courriel ou téléphoner.